Am 1. März 1899 trafen sich in Bad Essen die Protagonisten der Wittlager Kreisbahn zur Feier des ersten Spatenstichs. Mit dabei waren die Mitglieder des Eisenbahnvereins, Vertreter der beteiligten Gemeinden und Landkreise sowie der Vorstand der Wittlager Kreisbahn-Aktiengesellschaft. Nachdem man sich gegen 14.30 Uhr am Hotel Reckum getroffen hatte, folgte eine Viertelstunde später der Festzug durch den Ort hin zum Bahnhof, wo gegen 15.00 Uhr der eigentliche Festakt selbst stattfand. Später ging es zurück zum Festessen im Hotel Reckum, mit dem der denkwürdige Tag ausklang.

Wolfgang Huge

Der Feurige Elias und der Wismarer Schienenbus

Mit der Wittlager Kreisbahn ins 20. Jahrhundert

Impressum

Fotografien und Repros: Dr. Wolfgang Huge

Copyright © Dr. Wolfgang Huge 2012

Druck: BOD Books on Demand GmbH
Gutenbergring 53
D-22848 Norderstedt

ISBN 978-3-8448-1086-8

Inhaltsverzeichnis

Vorwort	7
Die Wittlager Kreisbahn - zu teuer, überflüssig und gefährlich?	9
Bedeutung der Kleinbahn für das Wittlager Land	11
Die ersten Züge der Wittlager Kreisbahn	15
Mit dem „Feurigen Elias" durch die beiden Weltkriege	17
Mit dem „Wismarer Schienenbus" ins Wirtschaftswunder	21
Von Bohmte über Bad Essen nach Damme?	33
Heutiger Betrieb auf den Gleisanlagen der Wittlager Kreisbahn	35
Was bleibt - Versuch einer Bilanz	39
Zeittafel zur Geschichte der Wittlager Kreisbahn	45

Der Triebwagen T 2 der Wittlager Kreisbahn an der zentralen Haltestelle Bohmter Bahnhof neben dem Hotel Seling. Von hier aus ging es in die Richtungen Pr. Oldendorf und Damme.

Vorwort

„Feuriger Elias", das war im frühen 20. Jahrhundert eine umgangssprachliche Bezeichnung für Dampflokomotiven, die zumeist auf kleineren Nebenstrecken verkehrten. Zwischen 1900 und 1955 lief ein solcher „Feuriger Elias", wie ihn der Volksmund auch im Wittlager Land nannte, in unterschiedlicher Gestalt auf den Gleisen der „Wittlager Kreisbahn", einer kleinen Bahnlinie, die in Bohmte Anschluss hatte an die Eisenbahnverbindung Hamburg - Köln.

An seinen Endpunkten schloss die Strecke in Damme an die Oldenburgische Staatsbahn und in Holzhausen-Heddinghausen an die Bahnverbindung von Bünde nach Sulingen an. Damit war das Wittlager Land nach mehreren Seiten hin an das nationale Schienennetz angeschlossen, und auch innerhalb des Wittlager Landes verkürzten sich die Reisezeiten durch die Kleinbahn erheblich.

Zunächst waren es von Dampflokomotiven gezogene „gemischte Züge", die wegen ihrer Rangieraufenthalte teilweise recht lange auf der Strecke waren, oder die etwas schnelleren reinen Personenzüge, die das Wittlager Land durchkreuzten. Um ihnen eine kostengünstigere und schnellere Alternative entgegensetzen zu können, wurde Mitte der 1930er Jahre auf das Konzept des Triebwagens zurückgegriffen. Diese ermöglichten schnellere und häufigere Fahrten auf der Strecke.

Zu den Fahrzeugen, die im Personenverkehr der Wittlager Kreisbahn eingesetzt wurde, zählten zwischen 1952 und 1967 auch drei „Wismarer Schienenbusse", die 1934 in der Triebwagen- und Waggonfabrik Wismar gebaut worden waren. Zwischen 1932 und 1941 verließen dort 57 Triebwagen und zwei Beiwagen die Werkstatt, die aufgrund ihres auffälligen Aussehens mit ihren „Schweinsschnauzen" noch heute das Herz jedes Eisenbahnfreundes höher schlagen lassen. Als T 4, T 5 und T 6 liefen die drei mit den Fabriknummern 20226, 20225 und 20228 versehenen Schienenbusse auf dem Streckennetz der Wittlager Kreisbahn und prägten so die Verkehrsverhältnisse in der Zeit des Wiederaufbaus und des Wirtschaftswunders entscheidend mit. Es war die große Zeit der Wittlager Kreisbahn, die dann in den 1960er Jahren doch das Opfer des aufkommenden Auto-, Bus- und Lastwagenverkehrs wurde. Zwischen 1965 und 1967 wurden zunächst der T 4, dann der T 6 und schließlich der T 5 vom Netz genommen. Während die beiden ersten Fahrzeuge 1967 verschrottet wurden, blieb dem T 5 dieses Schicksal erspart. Er wurde nach Krefeld verkauft und soll von dort aus nach Belgien gegangen sein, wo sich seine Spur verliert.

So sind der „Feurige Elias" und der „Wismarer Schienenbus" auch ein Stück lokaler Verkehrsgeschichte, an die dieses Buch erinnern möchte.

Persönlich ist das Buch zugleich eine Reminiszenz an meine ersten drei Lebensjahre, die ich an der Ladestraße am Bahnhof in Bad Essen verlebt habe. Aus unserem Wohnzimmerfenster konnte ich auf den Rangierverkehr auf den Bahnhofsgleisen schauen, ein Schauspiel, dass mich stets aufs Neue fasziniert hat und mir irgendwie in dauerhafter Erinnerung geblieben ist.

Und noch eine eher private Anmerkung. Diese Schrift über die Wittlager Kreisbahn möchte ich meiner im Dezember 2011 leider viel zu früh verstorbenen Frau Annegret Wankelmann-Huge widmen. Sie hat in den letzten Jahren mit Sorgfalt und kritischer Aufmerksamkeit meine Manuskripte begleitet und mich zu vielen konstruktiven Korrekturen ermuntert. Dies gilt auch für den vorliegenden Text und die Bildauswahl. In Zukunft kann ich auf ihre Ratschläge nicht mehr zurückgreifen. Sie werden mir fehlen.

Bad Essen im Frühjahr 2012
Dr. Wolfgang Huge

Die Wittlager Kreisbahn - zu teuer, überflüssig und gefährlich?

Um die Wittlager Kreisbahn ist in den Jahren vor ihrer Gründung viel debattiert, beraten, abgewogen und verhandelt worden. Die einen sahen in ihr den dringend notwendigen Schritt in die Zukunft, andere hielten sie für zu teuer, überflüssig und gefährlich. Um den Diskussionen mehr Gewicht zu geben, wurde bereits 1891 der Eisenbahnbauverein für den Kreis Wittlage ins Leben gerufen. Zu seinen Mitgliedern zählten der Landschaftsrat Dr. Meyer, der Fabrikant Selige aus Bad Essen, der Kaufmann Buck aus Bad Essen, der Lintorfer Sanitätsrat Dr. Hartmann, der Inspektor Schlüter aus Wittlage, der Rittergutsbesitzer von dem Bussche-Hünnefeld, der Betriebsinspektor Ditmer aus Wehrendorf, der Bohmter Kaufmann Seling, der Kaufmann Eckelmann aus Hitzhausen, der Samtgemeindevorstand Grewe aus Schwege, der Hunteburger Mühlenbesitzer Bruhne, der Amtmann Kerksiek aus Pr. Oldendorf, der Landtagsabgeordnete Meyer aus Holte bei Damme, der Oberstleutnant a.D. Morell und Dr. phil. Böcker, beide wohnhaft in Damme. Damit hatte man den Grundstein für die Durchführung des Bahnprojektes gelegt.

Viel war damit allerdings noch nicht erreicht, da noch einiges an Überzeugungsarbeit auf den Verein wartete. In einer ausführlichen Denkschrift wurde den zuständigen Behörden das Bahnprojekt für den Kreis Wittlage unter Berücksichtigung des Eisenbahnnetzes im damaligen Großherzogtum Oldenburg und der Provinz Westfalen vorgelegt und die dringende Notwendigkeit für den Bau einer Bahn quer durch den Kreis Wittlage eingehend begründet.

In vielen Versammlungen des Eisenbahnbauvereins wurden das Für und Wider und die Frage, ob normal- oder schmalspurig gebaut werden sollte, erörtert. Der damalige Landrat des Kreises Wittlage, Telschow, hatte sogar unter dem Titel „Plan für die Herstellung einer Bahnverbindung zwischen Bohmte und Lübbecke" ein kleines Buch herausgegeben, in dem er den normalspurigen Bahnbau unter Darlegung der dafür ins Feld geführten Gründe empfahl. Als dann der Kreistag in seiner Sitzung am 9. März 1890 die für die damaligen Verhältnisse außerordentlich hohe Summe von 600.000 Mark bewilligte, war das Unternehmen fürs Erste gesichert. Am 11. Januar 1897 beschloss die Bahnbaukommission, die projektierte Kleinbahn von Bohmte nach Holzhausen vollspurig auszubauen. Wurde damit auch die Finanzierung wesentlich erhöht, so blieben dem Unternehmen in dem später einsetzenden Konkurrenzkampf manche

Schwierigkeiten erspart. Mussten doch viele Kleinbahnen, die wegen der geringen Baukosten zunächst schmalspurig gebaut worden waren, später auf Normalspur umgerüstet werden, um überlebensfähig zu bleiben.

Nach diesen denkwürdigen Sitzungen verging ein weiteres Jahr, bis am 4. März 1898 eine Aktiengesellschaft gegründet werden konnte. Von diesem Tage an ging es jedoch schnell voran. Schon am 15. April unterzeichnete der Regierungspräsident die Konzessionsurkunde. Am 18. Mai beschloss der Aufsichtsrat, den Bauplan in eigener Regie unter der technischen Oberleitung des Regierungsbaumeisters Küchler auszuführen. Am 4. Januar 1899 erging der erste Planfeststellungsbeschluss nach dem Kleinbahngesetz für die Gemeinde Wehrendorf. Der erste Spatenstich wurde am 1. März desselben Jahres unterhalb Bad Essens vollzogen und am 1. August mit der Verlegung des Oberbaues in Bohmte begonnen.

Am 29. März 1900 kam der Enteignungsbeschluss für die Gemeinden Lintorf, Hördinghausen und Dahlinghausen heraus. Damit konnten die monatelang unterbrochenen Arbeiten an der 2,5 Kilometer langen Zwischenstrecke Lintorf - Dahlinghausen wieder aufgenommen werden. Mit diesem Tage wurde die ganze Strecke von 20,5 Kilometer frei. Die Bauleitung oblag dem Regierungsbaumeister Küchler, Hohenlimburg und Oberingenieur Spithaler, Wittlage. Am 6. August fand die offizielle Abnahme der Bahnstrecke statt, am 9. August fuhr der erste Zug.

Die Gesellschaft der Probefahrt am 5. April 1900, festgehalten von Wilhelm Wegmann, der in Essen am Kirchplatz eine Buchbinderei und einen Postkartenverlag unterhielt.

Bedeutung der Kleinbahn für das Wittlager Land

Mit der Eröffnung der Bahnlinie Bohmte - Holzhausen trat im Verkehrsleben des Kreises Wittlage ein großer Wandel ein. Die Postkutsche, die noch am 8. August unterwegs gewesen war, stand still, und das lustig durchs Land klingende Horn des Postillons verstummte. Die romantische Gemütlichkeit früherer Zeiten wurde durch den technischen Fortschritt abgelöst. In gut 17 Monaten war die Bahnlinie fertiggestellt und waren an den Haltestellen in Pr. Oldendorf, Dahlinghausen, Lintorf, Rabber, Wittlage, Bad Essen und Wehrendorf Stationshäuser mit Wartebereichen errichtet worden. Für die Stadt Pr. Oldendorf wurde der 9. August 1900 zu einem Datum mit besonderer Bedeutung, denn durch den Anschluss an das Eisenbahnnetz ergaben sich für Handwerk, Handel und Industrie und schließlich auch für die Stadt selbst günstige Entwicklungsmöglichkeiten.

Zum anderen war aber auch in Pr. Oldendorf dank des Einsatzes des damaligen Stadtvorstehers Wilhelm Kleffmann die Werkstatt der Wittlager Kreisbahn eingerichtet worden. Das gesamte Zugpersonal, die Angestellten, Arbeiter und die in der Werkstatt und Rotte Beschäftigten ließen sich in Pr. Oldendorf nieder. War es zuvor eine Seltenheit, dass ein neues Haus errichtet worden war, so wurden in den Jahren von 1900 bis 1910 nicht weniger als 65 und in den folgenden zwei Jahrzehnten etwa 80 neue Häuser erstellt. Auch der Ort Holzhausen-Heddinghausen hatte nach der Inbetriebnahme der Wittlager Kreisbahn eine günstige Aufwärtsentwicklung zu verzeichnen.

Oldendorf hatte bereits am 1. Oktober 1899 im Ortsteil Holzhausen-Heddinghausen Anschluss an den Eisenbahnverkehr erhalten, als die Nebenstrecke von Herford über Bünde (Westf.), Lübbecke und Rahden nach Bassum durch die Preußischen Staatseisenbahnen eröffnet worden war. Die eingleisige Strecke stieß in Bünde an die Bahnlinie Löhne-Rheine und in Bassum an die Hauptstrecke von Münster (Westf.) - Osnabrück - Bremen (KSB 385). Knapp ein Jahr später kam dann die Zweigstrecke der Wittlager Kreisbahn über Oldendorf und Bad Essen nach Bohmte hinzu.

So ist es kaum verwunderlich, dass sich zuerst in Oldendorf industrielle Bestrebungen entlang der Gleise ihren Weg bahnten.

Im April 1904 gründeten Wilhelm Vortmeyer aus Harlinghausen und Heinrich Hüsemann aus Engershausen unmittelbar am Bahnhof der Wittlager Kreibahn eine

Margarinefabrik, aus der sich die VORTELLA Lebensmittelwerk W. Vortmeyer GmbH entwickelte, einer der beständigsten Industriebetriebe der Stadt. Kurze Zeit später, im Jahr 1905, wurde dem Ortsnamen Oldendorf amtlich der Zusatz „Preußisch" zwecks besserer Unterscheidung im Bahn- und Postverkehr hinzugefügt.

Im Wittlager Land waren viele der Meinung, dass die Werkstatt der Wittlager Kreisbahn nicht nach Preußisch Oldendorf, sondern nach Bohmte gehört hätte. So legte der Kreistag in Wittlage 1900 einen Antrag vor, der die Verlegung zum Inhalt hatte. Doch fand der Antrag ebenso wie ein Folgeantrag keine Mehrheit. Neidisch schielte auch das „Wittlager Kreisblatt" auf die preußischen Nachbarn, die so gesehen den größten Nutzen vom Bahnbetrieb hatten. Dabei wurde aber gerne übersehen, dass die Wittlager Kreisbahn duch die Querverbindung von Bünde nach Bassum einen Anschluss an die Strecke nach Hannover und weiter nach Berlin schaffte, die sonst nur über den Umweg von Bohmte nach Osnabrück erreichbar gewesen wäre. Und so wurde die Verkehrsanbindung des Wittlager Landes nicht nur nach Norden und Süden hin, sondern auch in das Deutsche Reich hinein ostwärts sichergestellt.

Im Sommer 1909 war es möglich, in gut 8 Stunden mit einem Eilzug vom Bahnhof Friedrichstraße in Berlin bis nach Preußisch Oldendorf zu gelangen. Der Eilzug verließ die Reichshauptstadt um 13.07 Uhr, um gegen 17.05 Uhr in Hannover einzutreffen. Nur sieben Minuten später ging es von dort aus weiter nach Löhne, wo der Zug planmäßig um 18.37 Uhr eintraf und um 18.58 Uhr weiter ging über Bünde (an 19.08 Uhr, ab 19.53 Uhr), um gegen 20.22 Uhr in Holzhausen einzufahren. Von hier aus ging es mit der Wittlager Kreisbahn noch weiter bis Preußisch Oldendorf, wo die Verbindung um 20.29 Uhr ihr Ende fand. Dass eine Weiterfahrt in den Landkreis Wittlage nicht möglich war, wurde seinerzeit heftig beklagt. Wer eine Verbindung von Hannover nach Bohmte suchte, musste bereits um 15.45 Uhr mit dem D-Zug oder um 14.48 Uhr mit dem Personenzug die Provinzialhauptstadt verlassen haben, und auch diese Verbindung war nicht sicher, da es mit dem Anschluss in Löhne nicht immer klappte. Deshalb forderte Franz Schlüter im Wittlager Kreisblatt seinerzeit vehement die Einsetzung eines Abendzuges ab Preußisch Oldendorf um 21.30 Uhr. Diese Forderung scheiterte aber daran, dass im Falle einer Abendverbindung der Zug und das Beamtenpersonal des Spätzuges in Bohmte hätte übernachten müssen.

Es dauerte nur wenige Jahre, bis die Wittlager Kreisbahn auch im Wittlager Land die erhofften Impulse für die wirtschaftliche Entwicklung der Region brachte. So gründete Heinrich Hamker im April 1907 seine Margarinefabrik direkt an den Gleisen der Wittlager Kreisbahn nahe dem Lintorfer Bahnhof.

Zwei Jahre später, im September 1909, wurde darüber berichtet, dass der Bau einer Feldbahn von den Hüseder Steinbrüchen zum Lagerplatz der Lippischen Hartstein-Industrie in Wittlage unmittelbar bevorstehe, ebenso wie auch beabsichtigt sei, auf der

Feldbahn einen Personenwagen zwischen Wittlage und Hüsede laufen zu lassen. Die Feldbahn, von der eine Postkarte aus dem Jahr 1913 überliefert ist, ist am 7. September 1910 in Betrieb genommen worden und brachte so einen Anschluss der vom Essener Kaufmann Selige betriebenen Steinbrüche an die Wittlager Kreisbahn.

Mit dem Bau der Schweger Moorzentrale nördlich von Hunteburg hatte man einen weiteren Impuls gesetzt, der für die Kleinbahn von Bedeutung werden sollte. Der Bau des Torf- und Elektrizitätswerkes sollte dem Bahnunternehmung jährlich ca. 800 Ladungen zuführen und zusammen mit dem Steinbruch in Hüsede eine Grundlast an Güterverkehr schaffen, die einen rentablen Betrieb eines ausgeweiteten Schienennetzes zu sichern versprach. Bereits bei den ersten Planungen war eine gewisse Dringlichkeit des Ausbaus der Linie von Bohmte über Hunteburg nach Damme anerkannt und befürwortet worden. Diese Bestrebungen kamen in der Folgezeit niemals zur Ruhe und bahnten sich nun ihren Weg. Am 6. September 1910 beschloss die Hauptversammlung den Bau der Teilstrecke Bohmte - Damme und die Erhöhung des Grundkapitals um 1.200.000 Mark. Am 7. März 1912 feierte die Wittlager Kreisbahn die Konzession für eine zweite Teilstrecke zwischen Bohmte und Damme, die für die Dauer von 99 Jahren erteilt wurde. Der Landrat Hans von Raumer hatte sich damals für diesen 14,5 km langen Bauabschnitt eingesetzt. Nun konnte auch mit dem Bau dieser Teilstrecke begonnen und die feierliche Betriebseröffnung am 1. Juli 1914 durchgeführt wenden. Damit wurde eine weitere Verkehrslücke geschlossen und eine 40,4 Kilometer lange durchgehende Strecke geschaffen, die in Bohmte Anschluss an die Reichsbahn Osnabrück - Bremen, in Holzhausen an Bünde - Bassum über Sulingen und in Damme in Richtung Holdorf herstellte.

50 Jahre Wittlager Kreisbahn. Zum Jubiläum wurde auch die „Hunteburg 2" - hier in Preußisch Oldendorf - festlich hergerichtet.

Ein gut besetzter Personenzug am Bohmter Bahnhof um 1900. Die Fahrgäste posierten für den Fotografen, der dieses Bild für die Nachwelt festhielt.

Mit drei Achsen in die Zukunft ging es mit der 1912 in Dienst gestellten „Damme i.O."

Die ersten Züge der Wittlager Kreisbahn

Die erste Lokomotive der Wittlager Kreisbahn war die im Juli 1899 in Bohmte eingetroffene „Wittlage". Ihr folgten kurze Zeit später die „Preuß. Oldendorf" und die „Bad Essen". Vom Bautyp her waren diese drei Loks zweiachsige Dampflokomotiven, die im Jahr ihrer Auslieferung von der Lokomotivfabrik Hohenzollern in Düsseldorf gefertigt worden waren und die Fabriknummern 1167, 1168 und 1169 trugen. Ihr Dienstgewicht betrug etwa 24 Tonnen, und ihre Höchstgeschwindigkeit lag bei 40 km/h.

Für diese Zugmaschinen standen im Februar 1900 bereits 4 Personenwagen (2 Wagen mit 32 Plätzen der 3. Klasse und 2 Wagen mit 24 Plätzen der 3. Klasse sowie 8 Plätzen der 2. Klasse) zur Verfügung, dazu 1 Post-/Paketwagen. Ebenso zur Verfügung standen bereits 10 offene Güterwagen und 2 Langholzwagen, und erwartet wurden noch 5 bedeckte Güterwagen, womit die Grundausstattung komplett sein sollte.

Doch bereits im zweiten Betriebsjahr wurde ein weiterer Personenwagen für die 2. und 3. Klasse bei der Waggonfabrik Van der Zypen & Charlier in Köln-Deutz geordert, die bereits die ersten vier Personenwagen hergestellt hatte. 1906 wurden noch zwei weitere, allerdings gebrauchte, Personenwagen hinzu gekauft, um dem gestiegenen Personenaufkommen gerecht zu werden.

Die Züge der ersten Jahre waren zumeist so genannte „gemischte Züge", bestehend aus einem Personenagen der 2. und 3. Klasse, einem Personenwagen der 3. Klasse, einem Post-/Paketwagen und einem geschlossenen Güterwagen für den Stückgutverkehr. Je nach Passagier- und Frachtaufkommen verkehrten sie gelegentlich auch in kleineren Varianten mit weniger Anhängern. Diese Tradition der „gemischten Züge" oder „Güterzug mit Personenbeförderung" hat die Wittlager Kreisbahn bis zum Ende der Personenbeförderung in den frühen 1970er Jahren beibehalten, auch wenn der Hauptteil des Personenverkehrs ab 1935 von Triebwagen übernommen worden war.

Was die Pünktlichkeit der Züge betrifft, so gab es von Anfang an Klagen darüber, dass der Fahrplan nicht eingehalten wurde. Als Fahrzeit zwischen Bohmte und Holzhausen waren im Fahrplanentwurf 1 Stunde und 4 Minuten vorgesehen. Von Bohmte aus sollte der Zug 9 Minuten später in Wehrendorf abfahren, 16 Minuten später in Bad Essen, 23 Minuten in Wittlage, 31 Minuten später in Rabber und 36 Minuten später in Lintorf. 42 Minuten später musste er planmäßig Dahlinghausen verlassen haben, um nach 50 Minuten Fahrzeit Preußisch Oldendorf zu erreichen.

Doch Verspätungen von 20 - 30 Minuten, ja gar von bis zu 45 Minuten, waren eher die Regel als pünktlich einlaufende Züge. Klagen gab es immer wieder auch über unzureichende und zu kleine Warteräume, die einen Warteaufenthalt bei schlechtem Wetter, Regen und starken Winden zu einem unangenehmen Aufenthalt werden ließen.

Für die Bewältigung der täglichen Anforderungen des Beförderungs- und Frachtverkehrs standen pro Zug je ein Lokomotivführer, ein Heizer und ein Zugführer zur Verfügung. Hinzu kam ein Schaffner, der sich nicht nur um die Fahrgäste, sondern auch um das Be- und Entladens des Stückguts und das An- und Abkoppeln der Wagen zu kümmern hatte, und schließlich noch als Bremser seinen Dienst leisten musste. Zwischenzeitliche Standphasen von bis zu drei Stunden und Dienstzeiten von 6.00 Uhr bis 16.00 Uhr (Schicht 1) und 7.20 Uhr bis 21.20 Uhr (Schicht 2) kamen zu diesen unfreundlichen Arbeitsbedingungen hinzu, doch waren sie letztlich keine Entschuldigung für ein unfreundliches Auftreten des Personals, an dem sich nicht selten die Geister zu scheiden schienen.

Für die Beförderung fielen bei der 3. Klasse für eine einfache Fahrt zwischen Bohmte und Bad Essen 30 Pfennig, zwischen Dahlinghausen und Wittlage ebenfalls 30 Pfennig und zwischen Wehrendorf und Wittlage 20 Pfennig an. Die Fahrt von Bohmte zum Sitz der Kreisverwaltung in Wittlage kostete 40 Pfennig, und von Lintorf bis Rabber waren 10 Pfennig pro Fahrkarte zu zahlen, von Lintorf bis Wittlage 20 Pfennig. Die Fahrkarte von Bad Essen nach Wittlage war für 10 Pfennig zu lösen. Wer ein Rückfahrschein erwarb, konnte bis zu 50 % für die Rückfahrt einsparen, wobei man eine Rückfahrkarte nicht am Tag der Hinreise verbrauchen musste. Die Gültigkeit der Karten betrug „3 Tage und zwar für den Tag der Ausgabe und die beiden darauf folgenden Tage", so die Tarifbestimmungen der Wittlager Kreisbahn. Wer also mit dem Zug seine Verwandten besuchte, konnte ruhig eine Übernachtung einplanen und erst am nächsten oder übernächsten Tag die Rückreise antreten.

Mit dem „Feurigen Elias" durch die beiden Weltkriege

Mit dem Bestehen der Wittlager Kreisbahn war eine stetige Aufwärtsentwicklung des Verkehrs zu verzeichnen, so dass das Unternehmen bei Ausbruch des Ersten Weltkrieges über Reserven verfügte, die seine Zukunft sicherten. Erst durch die Inflation wurden die Reserven vernichtet und die wirtschaftlichen Grundlagen der Kreisbahn so schlecht, dass ihr Fortbestehen zeitweilig in Frage gestellt war.

Auch konnten die Schwierigkeiten, die 1930 auftraten, als der Lastkraftwagen in starken Konkurrenzkampf trat und manche Kleinbahn zum Erliegen brachte, überwunden werden. Die Geschäftsführung der Gesellschaft erkannte, dass mit den bis dahin üblichen „gemischten Zügen" aus Personenwaggons und Güterwagen sowie einer Geschwindigkeit von 30 Stundenkilometer der Betrieb nicht durchzuhalten war. Mit der Anschaffung zweier Triebwagen, für die eine Geschwindigkeit von 50 Kilometer pro Stunde zugelassen wurde, konnte in der Folgezeit ein großer Teil des Personenverkehrs bewältigt und die Trennung von Güter- und Personenverkehr ermöglicht werden.

Die Entwicklung der Wittlager Kreisbahn lässt sich am besten in Zahlen ausdrücken. 1901, also im ersten vollständigen Betriebsjahr, wurden 126.039 Personen und 14.189 Tonnen Güter befördert. Diese Kapazität stieg bis 1947 auf 699.675 Personen und 197.879 Tonnen Güter. „Mag auch viel über die Wittlager Kreisbahn geschimpft werden, irgendwie greift sie in das Leben der Kreisbevölkerung ein, sie ist aus dem Verkehrsleben einfach nicht mehr wegzudenken. Wer möchte ihn auch missen, unseren „Feurigen Elias"?", fragte damals die Lokalpresse. „Wenn man die Wittlager Kleinbahn prustend und schnaufend, läutend und pfeifend - übrigens zwei Eigenschaften, die sie besonders auszeichnen - durch den Kreis „rasen" sieht oder hört, mag bei ihrem Erscheinen den Beobachter ein stolzes Gefühl erfüllen. Ein Blick auf Uhr und Fahrplan lässt dann leider nur noch die wenig stolze Feststellung übrig: schon wieder so viel Verspätung. Der während der letzten Monate erheblich zugenommene Verkehr hat die Kreisbahn völlig „aus dem Gleise gehoben". Die wenigen, überhaupt vorhandenen Personenwagen reichen nicht mehr aus, die Reisenden aufzunehmen, so dass mehrere Güterwagen für die Personenbeförderung eingesetzt wurden. Dass außerdem an jedem Personenzug eine beachtliche Menge voll beladene Güterwagen angehängt wird, mag für die Kraft der kleinen Lokomotiven sprechen, stört aber die reibungslose und pünktliche Abwicklung des Personenverkehrs in untragbarer Weise." So urteilte das Neue Tageblatt am Freitag, den 22. August 1947, in seiner Ausgabe für Bersenbrück und Wittlage.

Verspätungen bis zu zwei Stunden waren bei der Wittlager Kreisbahn gerade in Kriegszeiten eine alltägliche Erscheinungen. Von den wenigen Zügen, die damals überhaupt fuhren, erreichten nach Überlieferungen bis auf den Frühzug selten einer die Anschlusszüge in Bohmte und Holzhausen. Böse Zungen bezeichneten die Kleinbahn aber nicht nur wegen ihrer langen Fahrzeiten als „Feurigen Elias" - eine Bezeichnung, die vom Volksmund begeistert übernommen wurde.

Denn dieser „Elias" spuckte das Feuer nur so aus, wenn er mit seiner schweren Last über die Schienen rollte. Es ist überliefert, dass sein Feuer solche Vehemenz annehmen konnte, dass sich ein Funkenregen über seine Anhänger ergoss. Dies führte dazu, dass er einmal sogar mit leuchtenden Flammen in den Bad Essener Bahnhof einlief, da sein feuriger Atem während der Fahrt zwei mit Torf beladene Güterwagen in Brand gesetzt hatte.

Was die Dienstauffassung der Bahnbeamten anging, so gab es immer wieder Anlass zu ironischen Kommentaren. So könne erfreulicherweise festgestellt werden, dass sie ihre Pflicht sehr ernst nähmen, urteilte ein Zeitgenosse, allerdings nicht ohne zu erwähnen, dass diese gewissenhafte Pflichterfüllung manchmal die Grenzen übersteige und zu unangenehmen Zwischenfällen führe, was durch etwas mehr Verständnis und Improvisation von seiten der Beamten leicht hätte vermieden werden können. So berichtet er von einer eiligen Expressgutsendung, die mit dem Frühzug über Bohmte nach Osnabrück gehen sollte, aber nicht befördert worden sei, weil sowohl der Aufsichtsbeamte in Bad Essen als auch der Schaffner sich weigerten, die Sendung versandfertig zu machen und den Zug eine Minute später abfahren zu lassen. Da der Zug allerdings ohnehin mit obligater Verspätung in Bad Essen eintraf, hätte man diese eine Minute leicht verschmerzen können.

Doch was den Vorschriften nach grundsätzlich nicht möglich war - etwa dass der Beamte am Fahrkartenschalter sich frühmorgens auch um andere bahnamtliche Dinge kümmerte - wurde auch nicht gemacht. Dafür musste ein zweiter Beamter eingesetzt werden, ohne Rücksicht auf die Kunden der Bahnlinie.

Ähnlich lagen die Dinge in einem anderen unliebsamen Fall, der sich in Preußisch Oldendorf abgespielt haben soll. Nachdem der erste Nachmittagszug den Ort erreicht hatte, begann man mit einem zeitraubenden und im Personenverkehr untragbaren Ein- und Ausladen von Stückgütern. Bis zur Abfahrt des Anschlusszuges in Holzhausen waren es noch 20 Minuten. Und da die Verladungen offensichtlich noch längere Zeit beanspruchten, überlegten Aufsichtsbeamte, Schaffner und Lokführer, ob man die Personenwagen nicht abhängen und mit den Reisenden nach Holzhausen fahren sollte, damit diese ihren Anschluss nicht versäumten. Ein Vorschlag, der Hand und Fuß hatte. Bis zur Rückkehr nach Oldendorf hätte man die Verladearbeiten durchführen und dann die Fahrt mit den übrigen Stückgütern nach Holzhausen fortsetzen können. Leider kam es zwischen den drei beratenden Beamten zu keiner Einigung, so dass die Reisenden mit dem nächsten Zug von Oldendorf wieder nach Hause fuhren, weil sie ihren Anschlusszug in Holzhausen doch nicht mehr hatten erreichen können.

Trotz solcher Unzulänglichkeiten war die Wittlager Kreisbahn lange Zeit die wichtigste Verkehrsstrecke des Wittlager Land. Schnell hatten sich die Züge der Bahn zum beliebten Transportmittel entwickelt. Tausende Fahrgäste sprangen bereits im ersten Jahr des Bestehens der Wittlager Kreisbahn auf den Zug auf. Mit 79.763 Fahrgästen kam die Wittlager Kreisbahn 1900 in Fahrt. Sieben Jahre später hatte sich die Zahl der beförderten Personen auf 162.273 verdoppelt. Ein Rekord konnte im Jahr 1918 verzeichnet werden, in dem 473.620 Menschen mit der Wittlager Kreisbahn unterwegs waren.

In den Kriegszeiten des Ersten und Zweiten Weltkriegs waren Koks, Briketts, Schmieröle und Petroleum knapp und mussten rationiert werden. Im Krisenjahr 1920 mussten sogar die Sonntagszüge monatelang ganz ausfallen. Die Fahrgastzahlen schwankten in den 1920er und 1930er Jahren zwischen 210.000 und 290.000 und brachen 1933 auf ihren Tiefststand von 151.906 zusammen. Nachdem der Zuspruch zur Bahn lange Zeit nur noch mäßig gewesen war, stiegen die Zahlen während des Zweiten Weltkrieges wieder an und erreichten 1943 einen Wert von 621.710, 1944 sogar 648.255, eine Zahl, die mit den vielen „Hamsterkäufen" dieser Zeit erklärt wird. Zum Kriegsende brach dann die Zahl der Fahrgäste dramatisch ein auf nur noch 182.868 im Jahr 1945.

Weniger spektakulär, dafür aber mit einem fast kontinuierlichen Wachstum verlief hingegen die Entwicklung des Güterverkehrs auf der Wittlager Kreisbahn. Wurden 1919 noch 63.983 Gütertonnen auf der Bahn bewegt, waren dies 1927 bereits 80.034, 1929 sogar 84.724. Zwar nahm die Masse des Gütertransports dann in den 1930er Jahren wieder auf Werte um 60.000 Tonnen ab, stieg dann aber in den Kriegsjahren von 135.723 im Jahr 1940 bis auf 211.115 im Jahr 1944. Ein Grund dafür war die Ansiedlung der neuen Landmaschinenhersteller an der Bahnstrecke, das „Niedersachsenwerk" in Rabber und das „Rabewerk" in Linne, ein weiterer die Errichtung eines großen Getreidespeichers mit Gleisanschluss im Kanalhafen von Bad Essen. Große Bedeutung bekam auch dem Transport von Kohle zu, die als Heizmittel in Privathäuseren mehr und mehr an Beliebtheit gewann.

Der 6. Januar 1943 brachte dann den wohl traurigsten Tag in der Geschichte der Wittlager Kreisbahn, an dem der Bahnhof von Bad Essen zum Schauplatz eines fatalen Ereignisses wurde. Damals ereignete sich der wohl schwerste Bahnunfall auf dem Streckennetz der Wittlager Kreisbahn, als der aus Bohmte kommende, voll besetzte Triebwagen „T 1" bei der Einfahrt in den Bahnhof mit der rangierenden Dampflok „Wittlage" zusammenstieß, die einen Güterzug in Richtung Bohmte zog. 13 Schwerverletzte, von denen einer später verstarb, und 54 Leichtverletzte – so waren die Zahlen der Opfer dieses denkwürdigen Tages, bei dem sämtliche Ärzte aus Bad Essen, Bohmte und Lintorf zur Unfallstelle beordert wurden, um dort erste Hilfe zu leisten.

Ein weiterer Unfall datiert vom 22. Februar 1945, als im Bahnhof Lübbecke eine kleine rangierende Dampflok bei einem Tieffliegerangriff vom Personal fluchtartig verlassen worden war, ehe sie zum Stillstand kam. Führerlos geriet sie auf das Streckengleis nach Holzhausen-Heddinghausen, wo auf die Strecke der Wittlager Kreisbahn gelangte. In Preußisch Oldendorf schließlich prallte sie auf einen leeren Personenzug, den sie fast 100 Meter weiter schob. Einige Waggons wurden dabei so schwer beschädigt, dass sie nicht mehr repariert werden konnten. Menschen kamen dabei jedoch nicht zu Schaden, da der leere Personenzug zum Zeitpunkt des Unfalls östlich des Bahnhofs unter hohen Bäumen abgestellt war, um sich der Sicht durch die alliierten Flugzeuge zu entziehen.

Die Dampflokomotive „Wittlage" mit Begleitpersonal bereitet sich am Lockschuppen auf den Einsatz vor.

Mit dem „Weimarer Schienenbus" ins Wirtschaftswunder

Immer wieder waren in den Jahren 1944 und 1945 Züge der Wittlager Kreisbahn zum Objekt von Fliegerangriffen geworden, und mehrfach mussten Einschusslöcher und Schäden in Lokomotiven und Waggons repariert werden. Als dann am 3. April 1945 die Kanalbrücke bei Wehrendorf von den sich zurückziehenden Deutschen Truppen gesprengt wurde, musste der Zugbetrieb komplett eingestellt werden. Erst zum 24. Oktober konnte der Betrieb wieder aufgenommen werden, wobei jedoch kein durchgehender Zugverkehr möglich war. Von Preußisch Oldendorf ging morgens ein Personenzug bis zum Bahnhof von Wehrendorf, von wo aus die Fahrgäste den Mittellandkanal zu Fuß überqueren mussten, um den Anschlusszug nach Bohmte auf der anderen Kanalseite zu erreichen. Zudem fuhr abends ein Güterzug mit Personenbeförderung, der für die 12,8 km lange Strecke von Wehrendorf bis Preußisch Oldendorf 1 Stunde und 9 Minuten benötigte! Auf der anderen Seite verkehrten die Zügen zwischen Damme und Wehrendorf, wobei sie nachts am Bahnhof in Damme übernachteten.

Noch 1945 erwarb die Wittlager Kreisbahn aus dem Bestand der Deutschen Reichsbahn eine 1901 von Borsig gebaut, unter der Betriebsnummer 90243 und der Bezeichnung „Münster 7206" gelaufene vierachsige Dampflokomotive, die als „Bad Essen 2" in Dienst gestellt wurde. Ihr folgte 1949 die ebenfalls vierachsige „Hunteburg", die 1907 in der Maschinenfabrik Esslingen für die Königlich Württembergische Staatseisenbahn gebaut worden war. Zusammen mit der 1939 in Auftrag gegebenen und am 6. August 1941 in Dienst genommenen dreiachsigen „Bohmte 3" bildeten sie nun den Park der Zugmaschinen, bis am 10. September 1955 die Diesellok „DL 1" und am 18. März 1958 die „DL 2" das Kommando im Güterverkehr übernahmen.

Im Januar 1956 wurde die „Hunteburg" verschrottet. Kurz darauf wurde auch die „Bad Essen 2" ausgemustert, und im Oktober 1959 folgte die Verschrottung der 1910 in Dienst gestellten „Damme i.O.". So blieb nur noch die „Bohmte 3" als Dampflokomotive übrig, die noch im Winter 1956/57 als Zugmaschine für Personenzüge eingesetzt werden konnte, als einige Triebwagen ausgefallen waren.

Parallel zur Aufrüstung der Lokomotiven auf eine Zugkraft von 400 PS und mehr vergrößerte die Wittlager Kreisbahn auch ihren Triebwagenpark durch den Erwerb von drei „Wismarer Schienenbussen". Die Fahrzeuge wurden am 7. April 1951 vom Eisenbahn-Zentral-Amt in München gebraucht gekauft und für die Zwecke der lokalen Kleinbahn umgerüstet. Zuvor waren sie bei den Eisenbahnen des Saargebietes und der Deutschen Reichsbahn gelaufen. Angetrieben wurden die Triebwagen von zwei Deutz-Dieselmotoren mit jeweils 50 PS. In diesen Wagen fanden 40 Personen auf Lederplostersitzen Platz, hinzu kamen 10 Klappsitzplätze und 20 Stehplätz, so dass die auch als „Ameisenbären" oder „Schweinsschnauzen" bezeichneten Triebwagen bis zu 70 Fahrgäste aufnehmen konnten.

Als sie 1951 in der Werkstatt Preußisch Oldendorf eintrafen, waren sie in einem jämmerlichen Zustand. In mühevoller Kleinarbeit mussten die im Ausbesserungswerk Nürnberg als „nicht betriebsfähig" eingestuften Fahrzeuge wiederhergerichtet werden. Dazu gehörte auch die farbliche Anpassung an die Triebwagen der Wittlager Kreisbahn mit ihrer typischen cremfarben-roten Lackierung. Von 1952 an liefen die drei Wagen im täglichen Einsatz und erfüllten die in sie gestellten Erwartungen. Auf ihre spezielle Fähigkeit, beide Maschinen gleichzeitig für eine Fahrtrichtung zu nutzen, musste nur selten zurückgegriffen werden. Die „Wismarer", für eine Höchstgeschwindigkeit von 60 km/h zugelassen, verfügten so über eine Reserve, die bei Schneeverwehungen und überfüllten Wagen gute Dienste tun konnte.

Bei kontinuierlichem Wachstum steigerten sich die Fahrgastzahlen von 410.336 im Jahre 1950 auf 740.637 im Jahr 1957. Nach einem leichten Rückgang in den Jahren 1959/1960 erreichten sie 1961 mit 757.813 beförderten Personen den höchsten Stand

Ein Wismarer Schienenbus macht sich am Bahnhof von Lintorf auf in Richtung Bohmte.

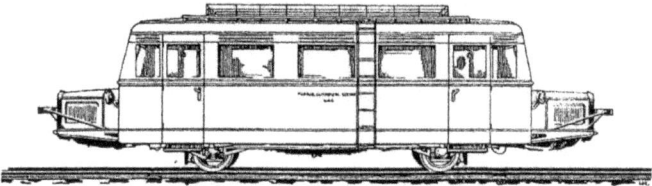

Auschnitt aus einer Werbeanzeige der Waggonfabrik Wismar, mit der die Schienenbusse des Unternehmens bekannt gemacht wurden.

Abgestellt am Bohmter Bahnhof unter dem Schutzdach der Milchverladestelle wartet der T 6, einer der drei von der Wittlager Kreisbahn eingesetzten „Wismarer", auf sein Ende.

Der „Ameisenbär" der Mindener Museumseisenbahn e.V.

Als vor 80 Jahren die ersten Schienenbusse der Waggonfabrik Wismar in Dienst gestellt wurden, galten sie als revolutionäre Vorboten des Traktionswandels auf Neben- und Kleinbahnen. Heute stellen die erhalten gebliebenen Triebwagen für nostalgisches Eisenbahnflair vergangener Zeiten.

Der Wismarer Schienenbus „Typ Hannover" ist Anfang der 1930er Jahre als Leichttriebwagen für den Personenverkehr auf Kleinbahnen entwickelt worden, um schwach ausgelastete Strecken möglichst kostengünstig betreiben zu können. Ab 1932 baute die Waggonfabrik Wismar AG einen leichten zweiachsigen Triebwagen, der durch die Verwendung zahlreicher Bauteile aus dem Straßenfahrzeugbau günstig gefertigt werden konnte. So wurden beispielsweise Ford Benzinmotoren mit jeweils 40 PS samt Getriebe eingebaut. Die Verwendung von Kraftfahrzeuggetrieben mit fünf Vorwärtsgängen und einem Rückwärtsgang. Bedingt durch die Bauform gab es für jede Fahrtrichtung einen eigenen Motor. Diese wurden vor dem eigentlichen Fahrzeugkasten angeordnet und verliehen ihm ein unverkennbares Äußeres. Wegen der beiden Motorhauben erhielt diese Bauart den Spitznamen „Schweineschnäuzchen" bzw „Ameisenbär". 1932 wurde ein Prototyp für die Kleinbahn Lüneburg-Soltau geliefert. Deren Erfahrungen mit dem Fahrzeug waren so gut, dass das Landeskleinbahnamt Hannover eine Serie von neun Exemplaren für verschiedene Kleinbahnen bestellte. In anderen Baureihen, wie sie die Wittlager Kreisbahn benutzte, wurden auch Dieselmotoren mit 50 PS eingebaut.

Bis 1941 wurden 57 Triebwagen und zwei Beiwagen produziert, um in unterschiedlichen Längen und Spurweiten an verschiedene Bahngesellschaften im In- und Ausland ausgeliefert zu werden. Die Deutsche Reichsbahn übernahm 1935 acht Triebwagen der Eisenbahnen des Saargebietes, die sie als 133 009 bis 133 012 (4000 mm Achsstand, 40 PS) und 135 077 bis 135 080 (6000 mm Achsstand, 50 PS) einreihte. Während einige der Wagen im Krieg zerstört wurden oder nach Kriegsende im Ausland verblieben, gelangten noch vier Triebwagen dieser Bauart zur Deutschen Bundesbahn, die ihnen die Nummern VT 88 900 bis 902 (langer Radstand) und VT 89 900 (kurzer Radstand) zuteilte. Aus diesem Kontingent stammten auch die drei Schienenbusse, die von der Wittlager Kreisbahn erworben wurden.

Der Wismarer Schienenbus der Museums-Eisenbahn Minden wurde 1933 gebaut und diente ursprünglich als „WZTE T 145" der Wilstedt-Zeven-Tostedter Eisenbahn. Anders als die früheren Schienenbusse der Wittlager Kreisbahn ist er mit zwei Ford Benzinmotoren ausgestattet und verfügt über einen Gepäckraum und Drehtüren. Er hat seinen Standort im Bahnschuppen in Preußisch Oldendorf, wo er auf seine Rückkehr auf die Gleise vorbereitet wird. Neben der MEM verfügen noch die Borkumer Kleinbahn, das Eisenbahnmuseum Bochum-Dahlhausen, die in Celle ansässigen Osthannoverschen Eisenbahnen sowie der Deutsche Eisenbahn-Verein in betriebfähigen Exemplaren dieses Fahrzeugs. Ein weiterer Schienenbus wird von den Wismarer Eisenbahnfreunden restauriert.

Blick in der Innenraum eines „Wismarer Schienenbusses". Ähnlich aufgemacht waren auch die Fahrzeuge, die auf den Gleisen der Wittlager Kreisbahn pendelten.

aller Zeiten. Aufgrund der zunehmenden Verkehrsdichte wurde nun aber auch daran gedacht, dort Blinklichtanlagen anzubringen, wo eine erhöhte Gefahr bestand, dass Schienenfahrzeuge mit gummibereiften Vier- oder Zweirädern kollidieren könnten. Und so ließ die Wittlager Kreisbahn 1959 drei Blinklichtanlagen bauen, um die Sicherheit im Allgemeinen und die ihrer Fahrgäste im Besonderen zu erhöhen, und zwar an den Bahnübergängen über die Bundesstraße 65 in Holzhausen, Offelten und Wehrendorf, die durch die neuen Anlagen einen besonderen Schutz bekommen sollten. 1960 folgte die Kreuzung der Wittlager Kreisbahn mit der Bundesstraße 51 am Bahnhof Bohmte. Auch dort hatte der Verkehr einen solchen Umfang angenommen, dass der Bau einer Blinkanlage unumgänglich geworden war. Denn am Bohmter Bahnhof floss nicht nur der Verkehr auf der Bundesstraße, hinzu kamen auch noch die Fahrzeuge aus der Wehrendorfer Straße. Außerdem mündeten hier noch die Bahnhofstraße und die Gartenstraße ein, wie auch der Verkehr vom und zum Bahnhof selbst. Und so wurden auf beiden Seiten der Bundesstraße 51 Signale installiert, die bis heute ihren Dienst tun.

Trotz aller Vorsichtsmaßnahmen kam es wieder zu Unfällen an Bahnübergängen. Bereits im Mai 1957 hatte auf der Kreisstraße zwischen Lintorf und Hördinghausen am unbeschrankten Bahnübergang ein 21 jähriges Mädchen ihr Leben gelassen, als ein Motorroller und die rote Diesel-Lok der Wittlager Kreisbahn zusammenstießen. Dabei wurde die Beifahrerin des Motorrollers auf der Stelle getötet, während der Fahrer lebensgefährliche Verletzungen erlitt und in das Lübbecker Krankenhaus übergeführt werden musste. Wie der Lokführer des fahrplanmäßigen Güterzuges W 54, der von Dahlinghausen kam, damals aussagte, hätte der Fahrer im letzten Moment noch aus nächster Entfernung versucht, seinen Motorroller nach links herumzureißen. Doch wurde er dabei vom Trittbrett der Diesel-Lok erfasst und in den seitlichen Straßengraben geschleudert. Noch im gleichen Jahr prallte einige Kilometer weiter in Holzhausen einer der Wismarer Schienenbusse, der T 5, mit einem Lastkraftwagen zusammen, wobei jedoch keine Person zu Schaden kam. Lediglich die beiden Fahrzeuge wurden schwer beschädigt.

Im September 1960 kollidierte an einem Dienstagabend gegen 21 Uhr ein aus Wilhelmshaven stammender und mit zwei Personen besetzter Pkw in Bohmte auf der Landstraße Nr. 85 in Richtung Bundesstraße 51 bei schlechter Sicht am Bahnübergang in der Nähe des Gehöftes Tontrup mit einem Güterzug der Wittlager Kreisbahn, den der Fahrer des Wagens offenbar zu spät gesehen hatte. Bei dem Zusammenstoß mit der Diesellok wurden Fahrer und Beifahrer gegen die Windschutzscheibe geschleudert. Sie erlitten Platzwunden an der Stirn sowie Prellungen, und der Vorderteil des Mercedes wurde schwer beschädigt, ebenso wie die linke vordere Seite der Diesellok Beschädigungen davontrug.

Kaum 6 Wochen später kam es an einem nebeligen Sonntagmorgen erneut zu einem Zusammenstoß mit der Wittlager Kreisbahn. Diesmal war es Lastzug aus Osterfeine, der die Bohmter Straße des Kurortes Bad Essen in Richtung Bundesstraße 65 befuhr und einen sich von Wehrendorf her nahenden Triebwagen übersah, der glücklicherweise zu dieser frühen Stunde mit nur zwei Fahrgästen besetzt war. Auch der Fahrer des Viehtransporters muss die Kreisbahn zu spät bemerkt haben. Trotz starken Bremsens konnte er den Zusammenstoß nicht mehr vermeiden. Dabei erfasste der Lastzug den Triebwagen nicht seitlich, sondern rammte ihn frontal, und zwar so „glücklich", dass der Maschinenwagen genau zwischen die Puffer geklemmt war und damit haargenau auf der Gleisspur der Wittlager Kreisbahn stand.

Der Fahrer des Lastzuges aus Osterfeine wurde durch den Zusammenprall schwer verletzt. Er erlitt einen Kniescheibenbruch, eine schwere Gehirnerschütterung, Kopfverletzungen sowie eine Bauchprellung, was eine Einweisung in das Ostercappelner Krankenhaus erforderlich machte. Am Maschinenwagen des Lastzuges entstand Totalschaden. Wenn auch der Triebwagen der Wittlager Kreisklasse beschädigt wurde, so wurden bei dem Unfall weder der Triebwagenführer noch die zwei Insassen verletzt. Der Aufprall war jedoch so heftig gewesen, dass die beiden ineinander verkeilten Fahrzeuge mit einem Osnabrücker Rammwagen wieder auseinandergezogen werden mussten. Solche Unfälle sorgten immer wieder für Gesprächsstoff. Ganz besonders ins Gespräch brachte die Wittlager Kreisbahn jedoch ein Ereignis vom 3. Juni 1961, an dem keine andere Partei beteiligt war. Was war geschehen? Der Güterzug 104, der fahrplanmäßig um 10.30 Uhr Lintorf erreichen sollte, befuhr wie jeden Tag von Preußisch Oldendorf kommend die Strecke. Etwa 300 Meter vor dem Bahnhof Lintorf geriet ein Ommi-Wagen, beladen mit 23 Tonnen Feinsplitt, so stark in Schwankungen, dass er schließlich umkippte.

Es war ein glücklicher Umstand, dass sich die Kupplung der Diesellok löste, so dass die Maschine getrennt vom kippenden Wagen stand, der nun versuchte, auch noch den ihm folgenden Güterwagen (Aufschrift: Vorsicht! Stoßempfindliche Güter!) umzukippen. Was folgte war ein Krachen und Splittern, als der Güterwagen sich zur Seite neigte und auch den folgenden Packwagen aus den Schienen riss. Lediglich der Personenwagen am Ende des Zuges - er war unbesetzt - blieb in den Gleisen. Lokführer und ein Mann im Packwagen waren das einzige Zugpersonal. Beide kamen mit dem Schrecken davon. Obwohl es nach diesem Unfall das Nächstliegende gewesen wäre, die Polizei zu benachrichtigen, geschah nichts. Die Lok fuhr in Richtung Lintorf davon, der Personenwagen wurde nach der anderen Seite hin abgeschleppt. Nur durch Zufall erfuhr die Polizei von diesem Zugunglück, schaltete sofort die Staatsanwaltschaft ein, um mit Hilfe eines Sachverständigen die Betriebssicherheit des Oberbaues der Gleisanlagen zu überprüfen. Seitens der Wittlager Kreisbahn wurde aus Essen/Ruhr ein Kranwagen angefordert, der die Strecke, die vorerst gesperrt blieb, räumen sollte. Auch musste dann noch der Oberbau wieder instand gesetzt werden.

Die Tatsache, dass zuvor etwa 80 Meter von der Unfallstelle entfernt ein Teilstück neue Schwellen erhalten hatte, wurde von manchem Kritiker der Bahn als Anzeichen dafür gesehen, dass man bei den verantwortlichen Stellen der Wittlager Kreisbahn sehr genau darüber Bescheid wusste, in welchem schlechtem Zustand sich der Oberbau befand. Die Bevölkerung jedenfalls, die auf dieses öffentliche Verkehrsmittel angewiesen war, zeigte sich wenig begeistert. Und so kommentierte dann auch das Wittlager Kreisblatt als ihr Sprachrohr: „Der trostlose Oberbau der Wittlager Kreisbahn mit teilweise lockeren Schwellenschrauben, morschen und verfaulten Schwellen und einer Spurbreite, die von den vorgeschriebenen 143,5 cm an manchen Stellen - nicht in den Kurven! - bis zu vier Zentimetern abweicht, spielt gewiß eine Rolle. Nach diesem Unglück ist die Bevölkerung beunruhigt. Die Stimmung, die hinsichtlich der Wittlager Kreisbahn besteht, sollte auch den Verantwortlichen dieser Aktiengesellschaft bekannt sein. Immer und immer wieder tauchte auch gestern an der Unfallstelle die Frage auf: Ist denn die Betriebssicherheit überhaupt noch auf manchen Streckenabschnitten gewährleistet." In polemischer Wendung ließ sich der Redakteur Klaus Weißenborn damals zu folgendem Statement hinreißen: „Nun aber scheint der Zeitpunkt doch gekommen, wo in aller Öffentlichkeit die Frage gestellt werden muss: Was gedenkt die Wittlager Kreisbahn zu tun, um ihr Streckennetz, das hinsichtlich des Oberbaues ja doch teilweise ein Bild des Jammers ist, so auszubauen, daß sich die Fahrgäste auch von sich aus beruhigt der Wittlager Kreisbahn anvertrauen können? Es ist zweifelsohne lobenswert, wenn an gefährlichen Bahnübergängen Blinkleuchten angebracht werden, es scheint aber ebenso notwendig zu sein, den Gleiskörper so in Ordnung zu bringen, dass er betriebssicher ist!"

Die Stimmung in der Bevölkerung war mit der Zeit immer kritischer geworden. Geschichten machten die Runde, die die Verwaltung der Wittlager Kreisbahn zur Zielscheibe von Spott und Hohn nahmen. So findet sich im Wittlager Kreisblatt vom 5. Februar 1957 folgender Kommentar: „Die Bohmter können ein Lied davon singen. Und mancher, der die Wittlager Kreisbahn im Berufsverkehr benutzt, auch. Wie oft werden sie von Reisenden angehalten, die mit der WKB entweder in Richtung Hunteburg oder aber nach Bad Essen weiterfahren möchten. Woher aber wissen, welcher der beiden Triebwagen nun in die gewünschte Richtung fährt? An den Abfahrtsstellen, die zudem nicht erleuchtet sind, steht kein Richtungsanzeiger. Und auch an den Triebwagen ist keineswegs - wie bei der Bundesbahn üblich - ein Schild zu sehen, das verraten würde, wohin das Züglein rollt, und der Reisende ist ortsfremd. So verwundert es gar nicht, dass in der letzten Woche ein „Kraftfahrer mit Herz" eine ganze Familie, die in Wehrendorf trübsinnig auf dem Bahnhof saß, wieder zurück nach Bohmte nahm, weil Vater, Mutter und Kinder gar nicht nach Wehrendorf, sondern nach Damme und damit in die entgegengesetzte Richtung wollten. Es wäre noch interessant, zu wissen, wann die Fahrgäste - und auf das Wort Gäste sollte die WKB besonderen Wert legen - ihren nächsten Triebwagen erreichten, der sie nach Damme brachte. Nun wird es ganz „Witzige" geben, die den Standpunkt vertreten, warum die Familie nicht den Schaffner gefragt habe. Einmal kommen die Schaffner erst wenige Minuten vor Abfahrt des Triebwagens und zum anderen ist es sicher kein unbilliges Verlangen, wenn schon der „Bahnsteig" der Wittlager Kreisbahn nicht erleuchtet und entsprechend beschildert ist, doch wenigstens die Triebwagen mit Schildern auszustatten. Das erspart Ärger. Auf beiden Seiten."

Angesichts des zunehmenden Pkw-Verkehrs und der wenig ausgeprägten Bereitschaft des Kreisbahnpersonals, sich auf ihre Fahr-„Gäste" einzustellen, gingen die Fahrgastzahlen im Lauf der 1960er Jahre immer weiter zurück, bis der Personenverkehr in fünf Jahren fast die Hälfte seines Aufkommens verloren hatte, und die Bedeutung des Güterverkehrs die des Personenverkehrs übertraf.

Bis in die 1960er Jahre war die Wittlager Kreisbahn ein unverzichtbares Element der regionalen Verkehrsstruktur gewesen. Dann wurde sie durch Busse ersetzt, und der Personenverkehr zunächst zwischen Damme und Bohmte, später auch zwischen Bohmte und Holzhausen eingestellt. „Du bist so jung, du bist so schön, wir hoffen - auf ein Wiederseh'n!" Dieser Spruch an einem großen Kranz galt der Wittlager Kreisbahn, als sie am 29. September 1962 zum letzten Mal die Strecke Damme - Südfelde - Schwege befuhr. Der Dammer Gemeinderat, der Männergesangverein und der Dammer Heimat- und Verkehrsverein hatten sich pünktlich am Bahnhof Damme eingefunden, um die letzte Fahrt bis zum Bahnhof Südfelde mitzumachen. Der Gesangverein sang der Kreisbahn wehmütige und lustige Abschiedslieder, und Architekt Hermann Büld, Vorsitzender des Heimat-und Verkehrsvereins, hielt eine launige Abschiedsrede. Heini Butke, Experte für Knüttel- und andere Reime, sprach in seinem Abschiedsgedicht vom „Großen Bahnhof", den der „Bohmter Louis" nun erlebe, ebenso von den schlechten Jahren, in denen „Louis" allerhand zu fahren hatte: „Wer Anschluss fand in Osnabrück, der denkt noch lang an dich zurück." Mit viel Hallo und Tuterei setzte sich der vollbesetzte Triebwagen zum letzten Mal in Bewegung. Seit seiner ersten Fahrt am 30. Juni 1914 hat die Bahnlinie fast 50 Jahre Bohmte und Damme miteinander verbunden. Büld hatte eigentlich vor, unterwegs die Notbremse zu ziehen, aber Oberinspektor Grewe von der Wittlager Kreisbahn bat dringend, das nicht zu tun. Die Notbremse sei noch nie gezogen worden, es könne sein, weil der Wagen so blockiert würde, dass er ohne einen Hilfszug nicht wieder in Bewegung zu bekommen sei. So traf der Zug ohne Zwischenhalt auf dem Bahnhof in Südfelde ein. Hier war Bezirksvorsteher Wehming mit seinen Mannen zur Stelle. Sie schmückten den Wagen mit gewaltigen Blumensträußen, ließen den Doornkat kreisen, und fast alles hatte Zeit. Nur einige „normale Reisende" wollten gerne weiter, um den Anschluss nach Osnabrück zu bekommen. Sie fuhren weiter nach Bohmte. Alle anderen aber trafen sich bei „Grevenkamps Dina", um mit den Gästen aus Bohmte Abschied zu feiern von dem treuen Bohmter Louis, dessen letzte Fahrt sie an diesem denkwürdigen Tag erlebten. In Reden und Trinksprüchen wurde auf die Bedeutung der Bahnlinie hingewiesen. Es sei doch schade, sagte man, dass das vertraute „Bähnchen" nun den Verkehr einstellen müsse. Doch war das Rad nicht mehr zurück zu drehen.

Bereits im Jahr zuvor hatte man aus betriebswirtschaftlichen Gründen die Betriebsführung auf die Bentheimer Eisenbahn übertragen (von hier wurden die Geschicke der Wittlager Kreisbahn bis Ende 1978 weiter geleitet). Damals hatte die letzte Dampflokomotive ihren Dienst verrichtet und war verkauft worden. Bereits ein Jahr später folgte auf der Strecke Damme-Hunteburg das Aus für den Personenverkehr auf der Schiene, und 1971 – ein Jahr vor der Auflösung des Landkreises Wittlage - wurde der Personenverkehr komplett eingestellt.

Der Lockschuppen in Preußisch Oldendorf - anfangs aus Bohmter Sicht nicht unumstritten - war für den Ort selbst ein Garant für eine positive Entwicklung.

Voll besetzter Personenzug mit Dampflokomotive der ersten Generation und zwei Personenwagen, mit Bahnpersonal, um 1900 am Bahnhof des damaligen Essen.

Die Lokomotive „Wittlage" mit Zugführer und Personal der Rotte, die dafür zuständig war, die Gleisanlagen in Ordnung zu halten.

So sah es aus, wenn die zweiachsige Dampflokomotive „Bad Essen" mit den Personenwagen 1 und 2 unterwegs war.

Alte Dampflokomotiven finden auch heute noch ihre Bewunderer bei Sonderfahrten von Museumszügen.

Heute erinnert auf der Strecke Bohmte - Preußisch Oldendorf zuweilen noch ein „Dampfroß" der Museums-Eisenbahn Minden e.V. an die Zeit des „Feurigen Elias".

Vom Bohmte über Bad Essen nach Damme?
Brief des kleinen Dieter über eine Fahrt von Osnabrück nach Damme

„Mensch, Mutti, ich will nie mehr inne Berge oder annen Dümmer. Ich will immer nur nach Damme. Nich was Du meinst, wegen der Brombeeren inne Dammer Berge. - Nee - wegen der Kreisbahn. Du, ich sage Dir, da biste weg. Bis Bohmte war's bei der Bundesbahn ja man langweilig. Nichts los bei dem Verein. Aber dann, sage ich Dir, dann ging's los. Kaum sitz ich in dem Wagen, wo dransteht „Richtung Hunteburg-Schwegermoor", und knufe meine Brote, da kommt 'nen Onkel in blauer Uniform. Ich zeig dem meine Fahrkarte. Alles in Butter! Steckse kaum weg, kommt schon wieder 'nen blauer Onkel. „Reisende nach Hunteburg - Damme alle aussteigen!" Mensch, da rutscht mir die Tasche weg. So streng wie unser Pauker redete der los. Mutti hat doch recht, wenn se immer schimpft, ich soll die Augen aufhalten, denk ich grade. Biste doch glatt innen falschen Zug gestiegen! Da nähert sich der Onkel den jungen Mädchen, die vorne standen, kuckt se ganz schief an und sagt mit einem Ton, als wenn ich Dir beim Kuchen gehe: „Sie steigen sofort aus!"

Nun, denk Dir, diese ungehorsamen großen Leute! Die blieben einfach sitzen, als wären se festgeklebt. Der Onkel hat dann mit ganz rotem Gesicht weitererzählt. Erst müßten die Fahrgäste aus Wehrendorf oder so ähnlich nach Hause. Deren Wagen war nämlich kaputt. Dann könnten wir mal wieder nachfragen. Du musst nicht schimpfen, Mutti, aber weil se alle sitzen blieben, bin ich auch nich aufgestanden. Dann wurd's erst richtig prima. Die ganzen Wehrendorfer und Bad Essener kamen auch noch innen Zug. Wir saßen da wie die Ölsardinen inne Büchse. Aber macht doch nix! Wir fuhren doch jetzt inne ganz annere Richtung als auffe Fahrkarte steht und brauchten nichmal zu blechen.

Du, Mutti, verstehste, warum die Hunteburger und Dammer da alle losschimpften und 'ne rote Birne kriegten? „Bummelbahn! Warum werden die Bad-Essener immer bevorzugt? Konnte man uns nicht eben wegbringen? Unser Feierabend ist flöten. Ich kriege meinen Anschluss in Damme nicht! Warum stellt man uns keinen Kleinbus? So waren se am Gange. Ich hab man immer äußern Fenster geluxt. War das schön, Mensch! Wo wir jetzt doch schon bald Bergluft rochen. Und alles auf die Fahrkarte nach Damme.

In Wehrendorf wollten wir ja dann raus. Aber denkste. Die wollten uns noch mehr zukommen lassen. Haben uns glatt nach'en Kurort gefahren. Und damit se auch alle was davon hatten, ging's sofort raus anne frische Luft. Die Großen schimpften ja immer noch. „Montag morgen war der Wagen auch kaputt. Immer sind wir Hunteburger die Dummen. Immer müssen wir warten." Weißte, so, als wenn Vati vom VfL-Platz kommt und die Krücken verloren haben. Neben mir sagt plötzlich einer inne blaue Uniform, als ich grade die Berge anpeile: „Man muss sich doch bald schämen, dass man dazugehört. Was der da wohl mit meinte, Mutti? Verstehst Du das? Aber den hamse dann schnell weggeholt. Mußte ‚nen Triebwagen schieben mit drei anneren. Sag mal, Mutti, is eigentlich in Bad Essen Benzin so knapp?

Und dann kam einer außem Bahnhof. „Wo wollen Sie denn hin", fragt der. „Nach Hause", sagt da eine Junge, da hat der aber losgelegt! Er wollt ‚ne anständige Antwort haben und so. Hatte der ja auch allen Grund zu, wo se uns doch kostenlos innen Kurort gefahren hatten! Son Onkel hat ihm dann was widergesagt. War aber doch nen komischer Laden. Da wurde der wild. „Das is kein Laden, das ist eine Eisenbahn!" rief der innen Ton wie Onkel Willy, wenn ich dem ‚ne Scheibe ein geschossen habe. Mensch, ich denk, ich hör nicht recht, was dann kam. Da fangen die 40 Mann aufem Bahnhof von dem Kurort doch einfach an zu lachen und zu brüllen. Junge, der hat's ihnen aber wiedergegeben. „Bäääh", hat der einfach gemacht und sich umgedreht, wie unser kleiner Fritz.

Als wir dann genug Bergluft intus hatten, kam ‚nen anderer Triebwagen. Der ist dann wirklich mit uns losgefahren inne andere Richtung. In Vosberg hamse dann noch ‚nen Haufen Säcke eingeladen. Ich denke erst schon, jetzt darffse sogar innen Triebwagen pennen. Aber das wollten se denn doch nich. Als ich dann in Damme ankam, war's schon dunkel. Ich hatt schon Angst, dass se Geld nach wollten für die Fahrt innen Kurort. Aber wir haben nochmal Schwein gehabt. Is doch ‚ne prima Bahn. Wenn ich auffe Rückfahrt ‚nen halben Tag später ankomme, weisse, dann sind se über Holzhausen nach Bohmte gesaust. Schad ja nix. Darf ich nächstes Jahr wieder nach Damme, Mutti?

Gruß an Papi"

Heutiger Betrieb auf der Gleisanlage der Wittlager Kreisbahn

Heute wird das inzwischen stark eingeschränkte Streckennetz der Wittlager Kreibahn von der VLO im Güterverkehr und von der Museumseisenbahn Minden MEM im Personenverkehr betrieben. So verkehren die Museumszüge nur noch auf dem Schienstück zwischen Preußisch Oldendorf und Bohmte, und die VLO sichert den Güterverkehr zwischen Bohmte und Wittlage. Im Jahr 1995 wurde der Gleisabschnitt zwischen Preußisch Oldendorf und Holzhausen-Heddinghausen wegen seines schlechten Zustands zunächst vorübergehend für den Verkehr gesperrt. 1997 folgte dann das endgültig Aus auf diesem Streckenteil, der seither verfallen ist. Im Januar 2000 kam es zur Stilllegung der Strecke zwischen Bohmte-Bruchheide und Schwegermoor, die heute ebenfalls eine Industrieruine darstellt.

Im Bereich der Museumseisenbahn kommt heute noch der alte Schienenbus T3 und der Anhänger 8 zum Einsatz, der speziell für die Bedürfnisse des neuen Publikums ausgestattet ist. Unter Verzicht auf einige Sitzplätze ist der alte Wagen mit einer Theke ausgestattet worden, um für das Wohl der Fahrgäste zu sorgen. Der Nostalgiezug erinnert auf seinen Fahrten an die Wittlager Kreisbahn der 1960er Jahre; damals fuhr der „T 3" zusammen mit dem „Beiwagen 8" regelmäßig zwischen Damme und Bohmte sowie zwischen Bohmte und Preußisch Oldendorf. Das Gespann, das vom 1935 gebauten zweiachsigen Triebwagen gezogen wird und 1959 um seinen auf einem alten Personenwagen-Chassis aufgebauten Beiwagen ergänzt wurde (der seinerseits bereits seit 1914 für die Wittlager Kreisbahn im Einsatz gewesen war), pendelt mehrfach pro Saison auf der Strecke zwischen Preußisch Oldendorf und Bohmte. Geplante Haltestelle auf dem Weg sind die Bahnhöfe in Rabber, Bad Essen und Wehrendorf. Und auch an den alten Haltestellen in Dahlinghausen und Wittlage sowie am Bahnhof in Lintorf achtet die Crew auf Personen, die mitfahren wollten, um hier bei Bedarf einen Stopp einzulegen.

Damit besteht mehrfach pro Jahr die Gelegenheit, an einer nostalgischen Fahrt durch das Wittlager Land teilzunehmen. Auch bei schlechter Witterung finden sich stets Fahrgäste ein, die noch einmal das Reisegefühl früherer Zeiten erleben möchten oder um sich an alte Zeiten zu erinnern, als die Kreisbahn in ihrem klassischen Farbenkleid in dunkelrot-creme durch die Felder tuckerte. Regelmäßig haben sich dann auch eingefleischte Eisenbahn-Fans entlang den Bahnübergängen, Bahnhöfen oder im freien Feld mit ihren Fotoapparaten aufgestellt, um die historische Kombination von Triebwagen und Anhänger abzulichten.

Viel Arbeit wurde in die Restauration des alten Triebwagens und seines Begleiters gesteckt. Nicht nur die äußere Farbgebung, auch vieles im Inneren der beiden Fahrgastwagen ist im Original erhalten geblieben. Da sind noch die alten Holzbänke, sauber gestrichen und in einem Top-Zustand, den sie so vor 50 Jahren wohl kaum gehabt haben dürften. „Nicht öffnen bevor der Zug hält!", so lautet die Aufschrift, die auf den alten Türschildern ein nostalgisches Gefühl vermittelt. Angetrieben wird der T3 von einem Bus-Motor mit 130 PS von der Firma Büssing, mit dem er im Herbst 1952 ausgestatte wurde. 1958 wurde sein altes Föttinger-Getriebe gegen ein hydromechanisches Voith-Diwabus-Getriebe ausgetauscht und eine Behr-Unterflur-Kühlanlage eingebaut. Mit dieser Technik ist er heute noch im Einsatz, und immer noch gibt ein Schild über dem Kopf des Fahrzeugführers die klare Anweisung „Unterhaltung mit dem Wagenführer nicht gestattet". Für die älteren Bahnfans, die die Wittlager Kreisbahn bereits als Kinder erlebt haben, ist es an solchen Tagen, als würde das Rad der Zeit um 50 Jahre zurückgedreht. Die gesamten 1960er Jahre war der T 3 durchgängig im Personenverkehr eingesetzt. Und bis 1972 hat die Kombination aus T 3 und Wagen 8 die Linie gefahren, zuletzt als Schülertransporter. Damit ist er vielen Menschen als Synonym für die „WKB" in Erinnerung geblieben.

Zum Fuhrpark der Dampfloks der Museumseisenbahn Minden zählt auch die 1942 von Orenstein & Koppel in Berlin gebaute „86 744", die seit 1981 einige Male auf den Gleisanlagen der Wittlager Kreisbahn zu sehen war.

Die erste Fahrt eines Museumszuges der Museums-Eisenbahn Minden e.V. (MEM) auf den Gleisen der Wittlager Kreisbahn datiert vom 25. September 1977. Und als die Wittlager Kreisbahn 1980 ihren 80-jährigen Geburtstag feiern konnte, beteiligte sich die Museums-Eisenbahn Minden an dessen Gestaltung mit vielen Sonderfahrten auf dem Streckennetz der Wittlager Kreisbahn, das damals noch bis ins Schweger Moor führte. Mit den Jahren nahmen Betriebstage und Zuspruch zum Museumsbahn kontinuierlich zu, so dass immer mehr Fahrgäste mit den historischen Zügen in die Vergangenheit reisten, auch wenn der Verkehr auf den Gleisen der Wittlager Kreisbahn gleichzeitig eingeschränkt werden musste.

In Erinnerung geblieben ist der 2. September 2001, als die Museums-Eisenbahn Minden in Bad Essen einen schwarzen Tag erlebte. Bei der Einfahrt in den Bahnhof des Kurorts entgleiste die 86 744 mit allen Achsen in der Einfahrweiche. Ursache war eine Sabotage an der Weiche, die von einem unbekannten Täter manipuliert worden war. Die Lok erlitt bei diesem Entgleisen schwere Beschädigungen am Fahrwerk. Ebenfalls beschädigt wurden Gleise und Weiche. Ersatzweise konnte am 05. Mai 2002 konnte dann nach 8-jähriger Aufarbeitung in Preußisch Oldendorf die Dampflokomotive 89 6237 in Betrieb genommen werden, eine Lok der früheren Reichsbahn, die 1924 von Linke-Hofmann in Breslau gebaut worden war. Seither zieht sie den Museumszug auf die Strecke. So etwa, als am 22. August 2004 der neu gestaltete Bahnhofsvorplatz in Bohmte eingeweiht wurde. Die MEM erhielt hier für seine Dampfzugfahrten hier einen neuen, großzügig gestalteten Bahnsteig, so dass nicht mehr an der Ladestrasse gehalten werden musste. Gut besuchte Pendelzüge fuhren den ganzen Tag nach Bad Essen und zurück.

In den vergangenen 30 Jahren hat die Museums-Eisenbahn Minden einen beachtlichen Fuhrpark an alten Lokomotiven und Waggons zusammengetragen und restauriert. Dabei wurde das Ziel verfolgt, Züge aus verschiedenen Epochen der deutschen Bahngeschichte zu bewahren. So betreibt der Verein von Minden aus einen Preußischen Nebenbahn-Zug, der die Zeit um die Wende zum 20. Jahrhundert darstellt und, wie in der ersten Epoche der deutschen Eisenbahngeschichte üblich, in den bunten Farben der Länderbahnen lackiert ist. Die Dampflokomotive, eine preußische T 11, kommt grün/rot mit schwarzer Rauchkammer und Zierlinien unter anderem auf den Wasserkästen daher. Die zwei- und dreiachsigen Wagen mit offenen Plattformen tragen die der Wagenklasse entsprechende Farbgebung. Die Fahrzeuge stammen sämtlich aus der Zeit zwischen 1890 und 1918 und sind damit zum Teil bereits über 100 Jahre alt, dafür aber immer noch in erstaunlich gutem Zustand. Zu diesem Zug gibt es inzwischen auch Kleinserien an Miniatur-Nachbildungen auf der Basis von Fleischmann-Modellen.

Während am Standort Minden das Konzept des preußischen Nebenbahnzuges aus der Zeit um die Jahrhundertwende verfolgt wird, präsentiert die Museum-Eisenbahn Minden auf der Strecke der Wittlager Kreisbahn einen typischen Reichsbahn-Personenzug aus den zwanziger Jahren. Charakteristisch dafür sind die ersten vollständig aus Stahl gefertigten Reisezugwagen, die so genannten „Donnerbüchsen". Dabei handelt es sich um zweiachsige, recht schwere Wagen mit offenen Plattformen unterschiedlicher Ausstattung, in denen Abteile der damaligen 2. Klasse (Polsterklasse), der 3. Klasse (mit Lattenbänken) sowie auch der bis 1928 vorhandenen 4. Klasse (mit Traglastenabteil) vorhanden waren. Ihren Kosenamen erhielten sie aufgrund des hohen Geräuschpegels, der während der Fahrt in den Wagen herrschte. Zu den Personenwagen gehören entsprechende Post- und Packwagen, alle einheitlich in chromoxidgrüner Farbgebung.

Mit diesem Zug ging es 2006 zum zweiten Bohmter Bahnhofsfest. Ebenso wurde der Dampfexpress auf der Linie der Wittlager Kreisbahn eingesetzt, um 2007 das 30-jährige Bestehen der Museums-Eisenbahn Minden e.V. zu feiern. Anlässlich dieses Jubiläums fand ein großes Bahnhofsfest in Preußisch Oldendorf statt, verbunden mit einem umfangreichen Sonderfahrtenprogramm auf der Strecke nach Bohmte. Als Höhepunkt des Sonderzugverkehrs bespannte die 89 6237 am Sonntag einen aus historischen Güterwagen bestehen Güterzug von Bohmte nach Preußisch Oldendorf, der wie alle Bahnfeste eine große Zahl von Fotografen anlockte.

Auf der letzten Dienstfahrt des „Bohmter Louis" mit Doornkaat und Schleife ... „ Du bist so lang. Du bist so schön. Wir hoffen ... auf ein Wiedersehen".

Am Dammer Bahnhof setzte sich die Ehrengemeinde in Bewegung, um dem „Bohmter Louis" am 29. September 1962 ein letztes Geleit zu geben.

Was bleibt? - Versuch einer Bilanz

Geradezu euphorisch war der Bahnbau zwischen Pr. Oldendorf und Hunteburg Ende des 19. Jahrhunderts gefeiert worden. Große Hoffnungen setzten damals vor allem Handel und Gewerbe in das neue Verkehrsmittel. Die Bahn bescherte der Region wirtschaftlichen Fortschritt und Wachstum und schloss das Wittlager Land an die große weite Welt an. Zudem schaffte die Bahn eine Verkehrsader, an der entlang man relativ schnell zwischen den angeschlossenen Ortschaften pendeln konnte. Bis 1965 war die Wittlager Kreisbahn unverzichtbares Element der regionalen Verkehrsstruktur. Dann wurde sie durch Busse ersetzt, und der Personenverkehr zunächst zwischen Damme und Bohmte, später auch zwischen Bohmte und Holzhausen eingestellt.

Wer heute die Gleise der Wittlager Kreisbahn abschreitet, kann Bilanz ziehen und festhalten, was von der Wittlager Kreisbahn geblieben ist. Da sind zunächst die immer noch verbleibenden Aktivitäten der VLO. Nach wie vor unterhalten die VLO als Rechtsnachfolger der Wittlager Kreisbahn einen Gütertransport zwischen Bohmte und Wittlage, wo mit der AGRO AG ein Auftraggeber sitzt, der über die Jahre für ein zunehmendes Transportvolumen gesorgt hat. Zum Fuhrpark der Bahn zählen heute eine Diesellok mit 360 PS sowie je ein historischer Triebwagen und Personenwagen. Und doch findet auf den Gleisen der Wittlager Kreisbahn heute fast ausschließlich Güterverkehr statt. Ausnahmen sind die regelmäßigen Sonderfahrten der Museums-Eisenbahn Minden vom Bahnhof Preußisch Oldendorf nach Bohmte. Von hier aus ist das Weiterfahren in Richtung Hunteburg/ Damme untersagt. Wer sich auf den Schienen weiterbewegen will, muss dann auf eine handbetriebene Draisine umsteigen; nur so lässt sich die Fahrt über die Gleise bis ins Schwegermoor fortsetzen.

In guten Zeiten war die Wittlager Kreisbahn die wichtigste Verkehrsstrecke des Wittlager Land. Schnell hatten sich die Züge der Bahn zum beliebten Transportmittel entwickelt. Tausende Fahrgäste sprangen bereits im ersten Jahr des Bestehens der Wittlager Kreisbahn auf den Zug auf, und nach und nach etablierte sich die Bahnstrecke, deren Fahrgastzahlen in den Gründungsjahren relativ stetig stiegen, bis sie im Rekordjahr 1918 bei 473.620 Fahrgäste zählte.

Doch war der Personenverkehr auf den Schienen der Wittlager Kreisbahn starken Schwankungen unterworfen, bis der linienmäßige Personenverkehr per Bahn 1971 gänzlich eingestellt wurde. Und - der Abstieg ging noch weiter. Einige Jahre später kam auch der Güterverkehr fast gänzlich zum Erliegen, das Streckennetz verfiel, und

Bis 1967 lief der T 3 zwischen Bohmte und Preußisch Oldendorf. An der B 65 am Bahnhof Wehrendorf befanden sich die ersten Lichtsignale der Strecke.

Voll besetzt ist dieser Triebwagen der Wittlager Kreisbahn bei seinem Halt ebenfalls am Bahnhof in Wehrendorf.

allein die Museumsbahn nutzte noch die alten Gleisanlagen für ihre Sonderfahrten. Schließlich musste der Streckenabschnitt zwischen Damme und Schwegermoor komplett stillgelegt werden, und heute ist das dort Gleisnetz die wohl größte Industrieruine im Wittlager Land. Die uns allerdings auch daran erinnert, dass es auch hier einmal eine Welt ohne Automobile gegeben hat - und das ist noch gar nicht so lange her.

Vor allem im Schweger Moor hat das verlassene Schienennetz etwas Gespenstisches. Insbesondere an nebeligen Tagen, wenn der Morgentau auf die rostenden Schienenstränge und die verfaulenden Bahnschwellen fällt, kommt etwas Unheimliches auf. Hinter dem alten, ebenfalls inzwischen abgerissenen Torfwerk enden die Gleise mit einem Prellbock. Von hier aus geht es auf verbogenen und teilweise abgesackten Schienen über Moorbrücken zurück bis Hunteburg, wo noch einige alten Ladeschuppen an bessere Zeiten erinnern. Und auch zwischen Hunteburg und Bohmte hat die Pflanzenwelt inzwischen das Kommando auf der Bahnstrecke übernommen.

Der älteste Teil des Streckennetzes der Wittlager Kreisbahn jedoch ist noch intakt. Hier, zwischen Bohmte und Preußisch-Oldendorf, haben auch die ehemaligen Bahnhöfe größtenteils neue Aufgaben übernommen. So beherbergt das Wehrendorfer Bahnhofshäuschen heute den dortigen Naturschutz- und Verschönerungsverein. Im Bahnhof von Bad Essen hat sich die Kunstschule e.V. niedergelassen, um die Räumlichkeiten zusammen mit einem restaurierten Waggon als Atelier und Unterrichtsraum zu nutzen. In Rabber ist das Bahnhofsgebäude an die Diakonie g.GmbH Melle/Wittlage gegangen, die von dort aus gemeinnützigen Arbeiten organisiert. Die Holzschuppen in Wittlage und Lintorf sind abgerissen, ebenso wie das kleine Häuschen in Dahlingshausen. Allein der alte Bahnpavillon von Bad Hüsede fristet verlassen inmitten von Feldern an der Bahnstrecke das Dasein einer mahnenden Ruine, die allerdings von den vorbeiführenden Straßen kaum zu sehen ist. Im Lockschuppen in Preußisch-Oldendorf ist heute die Museumseisenbahn Minden mit Ihrem Trägerverein zuhause, um von dort aus die Wittlager Kreisbahn in Erinnerung zu halten und als Museumsbahn mit historischen Zügen weiterzuführen. Und im alten Bahnhofsgebäude von Damme hat sich das dortige Heimatmuseum eine passenden Rahmens gesucht, in dem auch an den Zeiten des Bahnhofs mit den hier eingehenden Bahnlinien erinnert wird.

Mittlerweile hat das Frachtaufkommen auf dem Stammgleis der Wittlager Kreisbahn wieder zugenommen. Dies Stammgleis führt vom Industriegebiet Bohmte bis hinter Wittlage. Zudem wird auf dem Gleis bis Preußisch-Oldendorf die Betriebssicherheit aufrechterhalten, damit die Museumsbahn dort fahren kann. War die bewegte Tonnage auf der verbliebenen Stammstrecke bis Mitte der 1990er Jahre noch deutlich rückläufig gewesen - 1994 wurden nur noch rund 14.000 Tonnen verbucht – kam die Wittlager Kreisbahn 1995 bereits wieder auf 41.000 Tonnen und im Jahr 2000 auf immerhin 77.000 Tonnen. 2008 bediente die VLO wieder einen Kundenkreis, der ca. 150.000 Tonnen Ladevolumen umsetzte. Hinzu kamen Be- und Entladedienste auf dem Bohmter Bahnhof, so dass insgesamt eine positive Tendenz erkennbar ist. Wohin der Weg der Bahn dabei allerdings führt, das wagt heute niemand zu prophezeien.

Immerhin deutet die Einrichtung ersten Schrankenanlage am Bahnhof von Bad Essen und in Wittlage 2011 zusammen mit der Erneuerung der übrigen Bahnübergänge im Kurort darauf hin, dass dem Gleisbetrieb eine weitere Zukunft zugetraut wird, und dass sich die Geschichte des Eisenbahnverkehrs auf den Gleisen der Wittlager Kreisbahn deshalb noch lange nicht dem Ende zuneigt.

Die rote Diesellok der Wittlager Kreisbahn am werkseigenen Anschlussgleis des Rabewerks, wo noch in den späten 1970er Jahren ein reger Ladeverkehr herrschte.

Die Triebwagen T 3 der Wittlager Kreisbahn zieht mit dem Wagen 8 seine Bahn durch das Wittlager Land.

Heute werden der T 3 und der Wagen 8 mehrfach pro Jahr als Museumszug eingesetzt.

Der T 3 und sein Begleiter am Bahnhof von Wehrendorf mit seinem unbeschrankten Bahnübergang über die Bundesstraße 65.

Untergebracht sind der T 3 und der Wagen 8 in Bohmte bei der VLO, die als Rechtsnachfolger der Wittlager Kreisbahn heute den Güterverkehr auf der Strecke betreibt.

Zeittafel zur Geschichte der Wittlager Kreisbahn

1891
Gründung des Eisenbahnbauvereins für den Kreis Wittlage am 24. Mai.

1894
Ablehnung eines Antrags auf Planungsvorbereitungen für eine Kreisbahn am 20. Mai.

1895
In seiner Sitzung vom 5. April bewilligt der Kreistag 100.000 Mark für das Bauvorhaben und wählt eine Eisenbahn-Baukommission.

1896
Im März des Jahres erscheint eine Denkschrift des damaligen Landrates des Kreises Wittlage, Telschow, mit dem Titel „Plan für die Herstellung einer Bahnverbindung zwischen Bohmte und Lübbecke", in der er die wirtschaftlichen Perspektiven des Vorhabens erläutert und sich für eine Vollspurbahn ausspricht.

1896
Erhöhung der Bausumme auf 600.000 Mark durch eine Entscheidung des Kreistags mit 12 gegen 6 Stimmen.

1897
Beschluss, den Bahnbau in Vollspur auszuführen, vom 11. Januar.

1898
Gründung der Aktiengesellschaft „Wittlager Kreisbahn AG" am 4. März.

1898
Ausstellung einer offiziellen Konzession für den Bau einer Kleinbahn am 15. April.

1899
Erster Spatenstich im damaligen „Essen".

1899
Anschaffung der ersten Lokomotive „Wittlage". Ihr folgen zwei weitere Lokomotiven, die als „Preuß. Oldendorf" und „Bad Essen" in Dienst gestellt werden.

1900
Zum 1. Februar zählt der Wagenpark der Wittlager Kreisbahn bereits 4 Personenwagen, 1 Post-/Paketwagen, 10 offene Güterwagen und 2 Langholzwagen. 5 Bedeckte Güterwagen sind darüber hinaus bestellt.

1900
Erste Probefahrt mit 40 geladenen Gästen von Preußisch Oldendorf nach Bohmte am 5. April. Mit dabei ist der Buchbinder und Fotograf Wilhelm Wegmann, der das Ereignis ebenso wie die Gesellschaft des ersten Spatenstichs für die Nachwelt festhält.

1900
Aufnahme des Bahnbetriebs am 9. August 1900. Um 6.30 Uhr verlässt ein erster Zug Wittlage in Richtung Bohmte mit einer handvoll Fahrgästen. Der zweite Zug, der 7.50 Uhr Holzhausen verlässt und 8.49 Uhr Bohmte erreicht, zählt hingegen bereits 82 Fahrgäste. Und der Abendszug, der Bohmte um 20.30 Uhr in Richtung Holzhausen verlässt, zählt 109 Mitfahrende. Trotz der Anhängung von drei Anhängern (üblicherweise sollten dies 2 Anhänger sein) war der Zug fast bis auf den letzten Platz besetzt.

Die Streckenlänge betrug zur Betriebsaufnahme 20,5 km, die Gesamtgleislänge 25,1 km.

1901
Von der Aufnahme des Personenverkehrs bis zum Jahresende von 1900 konnte die Wittlager Kreisbahn 79.763 Fahrgäste verbuchen. Im Folgejahr lösten 126.039 Personen eine Fahrkarte.

1906
Zukauf von 2 Personenwagen, um dem steigenden Fahrgastaufkommen gerecht werden zu können.

1907
Für das Jahr 1907 wurden 163.273 Fahrkarten ausgewiesen.

1908
Optimistische Einschätzungen sehen Bohmte bereits als neuen Eisenbahn-Knotenpunkt und fordern die Ausweitung des Streckennetzes der Wittlager Kreisbahn um die Verbindung Bohmte-Damme, die einen Anschluss an die oldenburgische Staatseisenbahn ermöglichen soll.

1909
Intensive Diskussionen über die Verlängerung der Wittlager Kreisbahn von Bohmte über Hunteburg bis Damme beschäftigen den Kreistag und den Landrat v. Raumer.

1909
Am 30. Oktober des Jahres diskutiert der Kreistag in Wittlage zwei Themen, und zwar die Erweiterung der Kreisbahn sowie die geplante Moorzentrale im Schweger Moor, die zur Stromversorgung des Kreises dienen soll. In diesem Kontext wird auch erwogen, die Wittlager Kreisbahn auf einen elektrischen Betrieb umzustellen, was aber aufgrund der als zu hoch angesehenen Kosten von ca. 5000,- Mark pro Kilometer verworfen wird.

1910
Die Wittlager Kreisbahn erhält mit der „Bohmte" ihre erste dreiachsige Dampflok.

1910
Die Zahl der Fahrgäste hat sich auf 190.889 erhöht.

1912
Im September 1912 trifft eine weitere gebrauchte Lok der Bauart T3 ein, die am 22. Februar 1913 als „Damme i.O." ihren Dienst aufnimmt.

1912
Zunächst aber hat die Wittlager Kreisbahn einen neuen Schienenweg über den enstehenden Kanal zu legen, der in Wehrendorf über einen hohen Damm mit einer Brücke über den Weg von der Bohmter Straße zum Gut Hünnefelde führt und auf die Kanalbrücke und von dort aus zum Wehrendorfer Bahnhof führt.

1912
Im September beginnen die Arbeiten an der Strecke Bohmte - Damme, die auch das folgende Jahr über andauern. Die Arbeiten im Moor erweisen sich als schwierig, wobei das Moor bis auf eine Tiefe von 1,50 Meter ausgehoben und mit einem Sandkern gefüllt werden muss, bevor die Dammaufschüttung darauf aufgebracht werden kann. Ob dies bei einer Moortiefe von bis zu 5 Metern ausreichend ist, wissen auch die Experten nicht, da entsprechende Vergleiche fehlen.

1914
Am 25. Juni des Jahres erfolgt die eisenbahntechnische Abnahme der neuen Strecke, und am 1. Juli wird die Linie Bohmte - Damme offiziell dem Verkehr übergeben.

1914
Am 30. Juni folgt dann die Inbetriebnahme der ebenfalls dreiachsigen Dampflok „Hunteburg". Zudem werden drei weitere Personenwagen aus der Hannoverschen Waggonfabrik angeschafft.

1918
Im letzten Kriegsjahr des Ersten Weltkriegs zählt die Wittlager Kreisbahn die Rekord-

größe von 473.620 verkauften Fahrscheinen, eine Zahl, die nach dem Ende des Ersten Weltkriegs für lange Zeit unerreicht bleibt.

1919
Immerhin sind es noch 427.925 Fahrgäste, die auf die Dienste der Wittlager Kreisbahn zurückgreifen.

1923
Nach über einjähriger Aufarbeitung geht am 6. August des Jahres die ehemalige Lok „Halle 6109" als „Bohmte 2" in Betrieb. Sie tritt an die Stelle der alten Lok „Wittlage", die nach Osnabrück verkauft wird.

1924
Es ist ein Rückgang auf 235.559 Fahrgäste zu verbuchen.

1927
Die Wittlager Kreisbahn erwirbt eine 1918 bei Henschel in Kassel hergestellte dreiachsige Lok, die als „Wittlage 2" ihren Dienst aufnimmt.

1933
Die Jahresbilanz weist nur noch 151.906 Fahrgäste aus.

1939
Bei der Krupp A.G. in Essen wird eine 400 PS starke, dreiachsige „Knapsack 9" in Auftrag gegeben, die allerdings erst am 6. August 1941 als „Bohmte 3" ihren Dienst aufnimmt.

1946
Zum Ende des Jahres kann mit der „Bad Essen 2" die erste vierachsige Lokomotive in Dienst genommen werden. Ihre Leistung liegt bei 450 PS.

1949
Indienstnahme der „Hunteburg 2", einer vierachsige Lokomotive mit 440 PS, die allerdings bereits 1956 aus dem Verkehr genommen wird.

1949
Erneuter Rückgang der Beförderntenzahl auf nunmehr nur noch 370.957.

1955
Die Wittlager Kreisbahn befördert in diesem Jahr 627.499 Fahrgäste. Mit der Inbetriebnahme der 400 PS starken Diesellok „DL 1" am 10. September geht das Zeitalter der Dampflokomotiven auf der Linie der Wittlager Kreisbahn ihrem Ende zu.

1957
Die Zahl der Fahrgäste hat seit 1950 kontinuerlich von 410.336 auf 740.637 zugenommen.

1958
Am 18. März bekommt die Wittlager Kreisbahn ihre zweite Diesellok, die „DL 2" mit 240 PS.

1959
Als erster Bahnübergang wird die am Wehrendorfer Bahnhof über die Bundesstraße 68 führende Querung mit Blinklichtsignalen ausgestattet.

1960
Es folgt der Bahnübergang der am Bohmter Bahnhof. 1973 sind schließlich 12 Bahnübergänge mit Lichtsignalen ausgerüstet, um dem wachsenden Aufkommen des Autoverkehrs gerecht zu werden.

1961
Mit 757.813 beförderten Personen vermeldet der Bahnverkehr einen Höchststand, den er nie wieder erreichen wird.

1962
Einstellung des Personenverkehrs zwischen Damme und Schwegermoor zum Sommerfahrplan 1962.

1962
Einsatz der ersten Straßenbusse.

1965
Ausweitung des Busverkehrs.

1967
Ab dem Winterfahrplan 1966/67 fährt nur noch ein Triebwagenpaar die Strecken zwischen Preußisch Oldendorf und Bohmte sowie Bohmte und Hunteburg. Der größte Teil des Personenverkehrs geht nun auf den Buspark der Wittlager Kreisbahn über.

1968
Rückläufige Zahlen in der Personenbeförderung geben zu denken. Bei gleichzeitigem Einsatz von fünf Straßenbussen gehen die Beförderterzahlen 1968 auf 377.131 zurück.

1971
Einstellung der Personenbeförderung einschließlich der Schülerbeförderung.

1973
Aufnahme des Museumseisenbahnbetriebs auf den Gleisanlagen der Wittlager Kreisbahn unter der Leitung des Vereins „Dampfeisenbahn Weserbergland"

1977
Gründung des Vereins „Museums-Eisenbahn Minden e.V." (MEM). Erste Fahrt eines Museumszugs der MEM auf den Gleisen der Wittlager Kreisbahn.

2004
Erstes Bohmter Bahnhofsfest mit Einweihung des neuen Bahnhofsvorplatzes in Bohmte.

2006
Zweites Bohmter Bahnhofsfest.

2007
Bahnhofsfest in Preußisch Oldendorf anlässlich des 30. Geburtstags der MEM.

2011
Erste Schrankenanlagen werden am Bahnhof Bad Essen sowie in Wittlage in Betrieb genommen.

Der Bahnhof an der Wittlager Burg um 1900 lag ganz in der Nähe der Kreisverwaltung.

Männergruppe an der Haltestelle der Wittlager Kreisbahn am Bahnhof Bohmte. Im Hintergrund ist das Hotel Seling mit seinem Garten zu sehen.

Eine kleine Reisegesellschaft am Bahnhof in Bad Essen. Im Hintergrund die Lagerschuppen der Raiffeisen-Genossenschaft.

Zwei Jungen warten 1938 am Bahnhofshäuschen in Dahlinghausen auf den „Feurigen Elias".

Lightning Source UK Ltd.
Milton Keynes UK
UKHW022045080522
402657UK00011B/333